◆えんぴつで なぞって じを かきましょう。

「め」の つく ことば

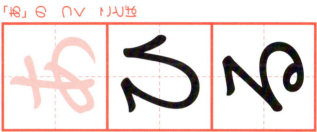

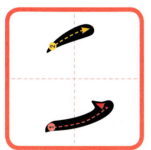
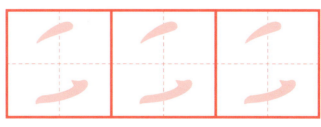

「し」の つく ことば

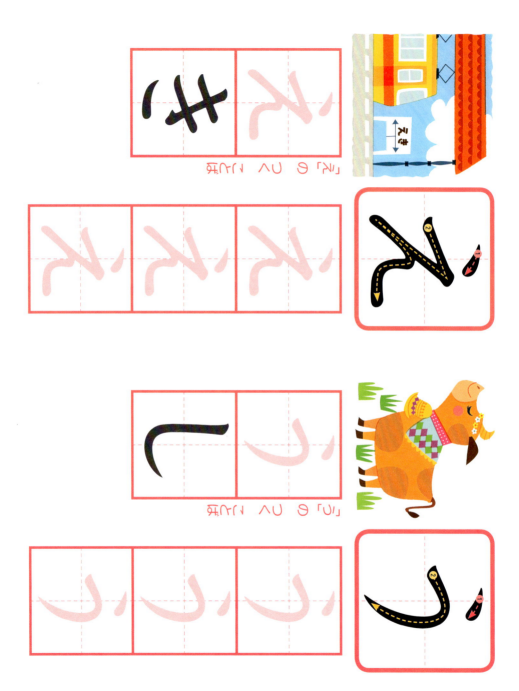

◆ えんぴつで なぞり じを かきましょう。

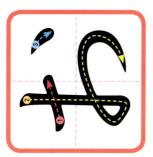

かきじゅんの「お」

🌸 ことばに あう えの シールを はりましょう。

 あひる　 えき

 あめ　 おに

 う

お

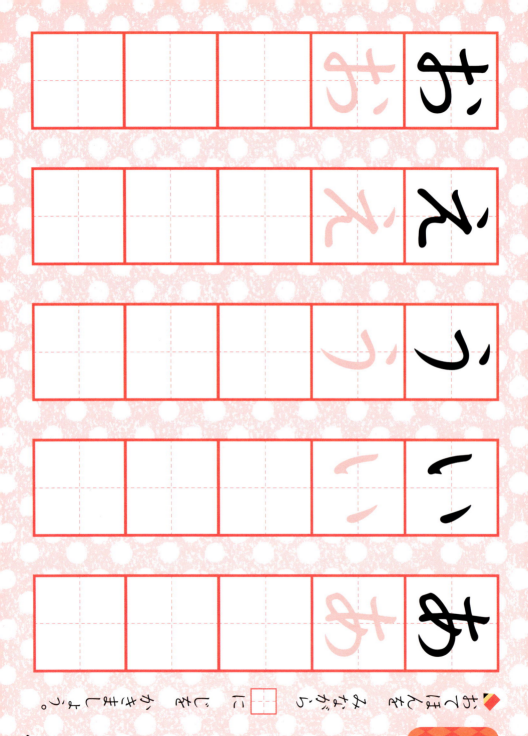

◆えを みて □に じを かきましょう。

「き」の かく じゅんじょ

「か」の かく じゅんじょ

♦ えんぴつで ていねいに なぞり がきしましょう。

◆えんぴつで すうじを なぞりましょう。

「く」の つく ことば

くま

「け」の つく ことば

けいと

✿ いちばん あう えの シールを はりましょう。

へび

きつね  いちご

かさ 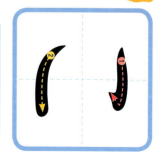 へいこ

「こ」の つく ことば

◆ えんぴつで じゅんに つぎ なぞりましょう。

◆おてほんを みながら □に じを かきましょう。

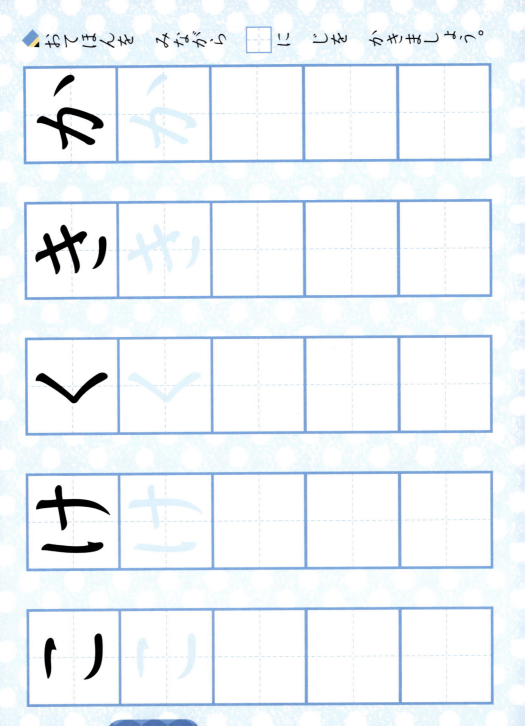

かきくけこ

つなげよう

えに あう ことばと せんで むすびましょう。

くるま •

むし •

こま •

きりん •

かえる •

◆えんぴつで　ただしく　なぞって　かきましょう。

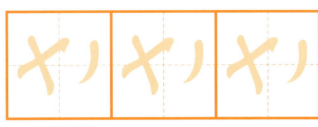

「り」の つく ことば

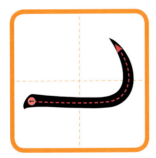
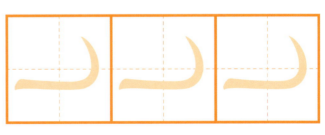

「し」の つく ことば

す む

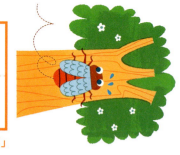

「む」の つく ことば

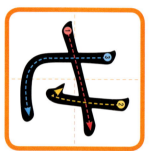

「す」の つく ことば

◆ なぞりながら ただしく かきましょう。

12

◆ えんぴつで ただしく じを なぞりましょう。

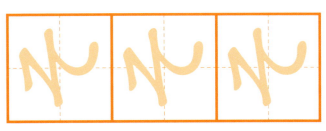

「ん」の つく ことば

🌼 ことばに あう えの シールを はりましょう。

さかな   せみ

しろ   こい

いぬ

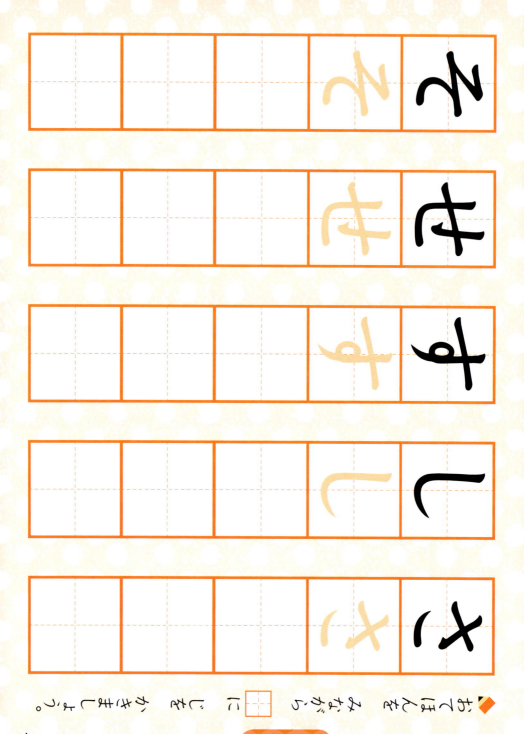

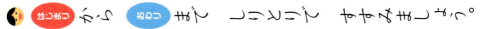

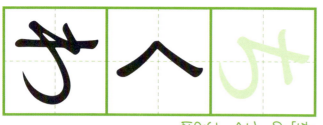

「ち」のつくことば

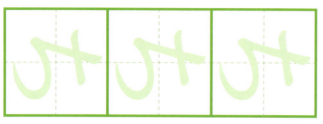

「た」のつくことば

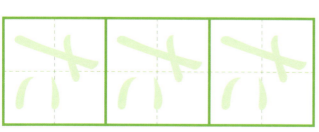

◆えんぴつで ただしく じゅんばんに なぞりましょう。

◆えんぴつで なぞり がきを しましょう。

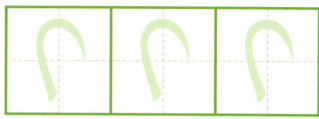

「つ」の つく ことば
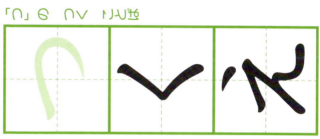

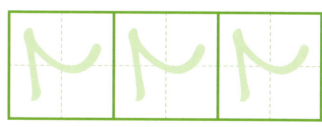

「ん」の つく ことば

🌸 えに あう もじを シールで はりましょう。

たこ　つくえ　くじら

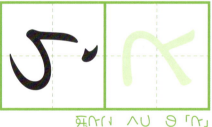

「つ」の つく ことば

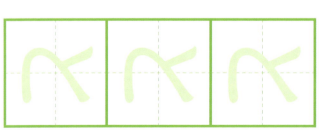

◆ なぞりかきを して、じを かきましょう。

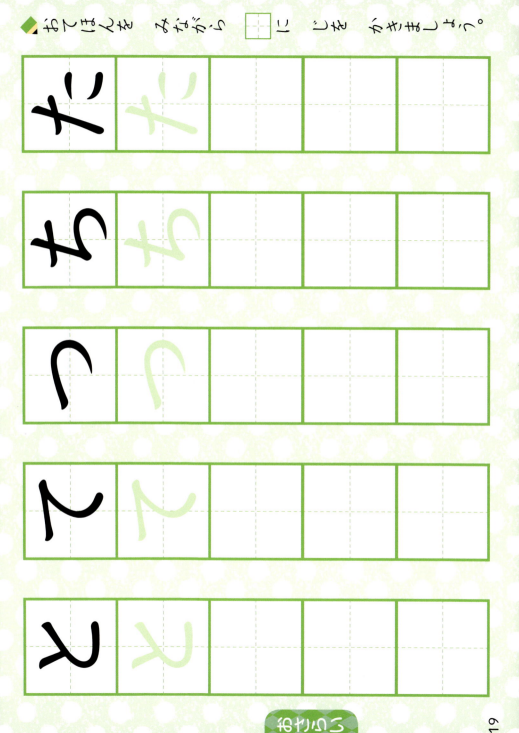

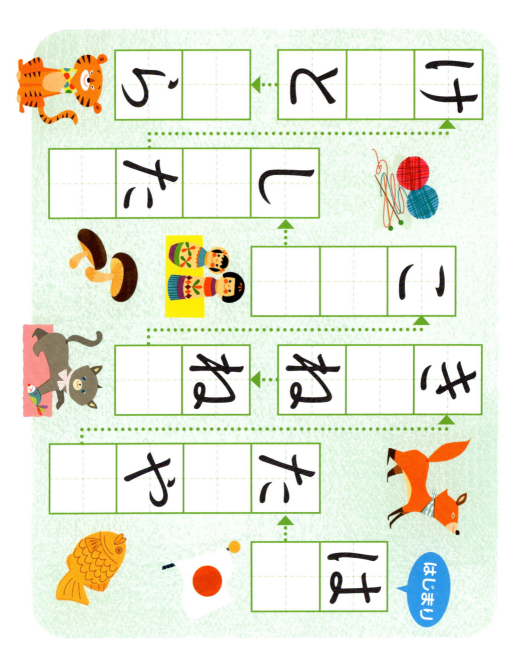

◆ えを みて □に つづきを かいて、ごおるまで すすみましょう。

◆えんぴつで なぞって じを かきましょう。

「す」の つく ことば

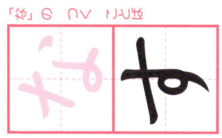

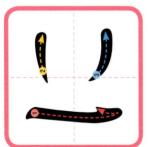 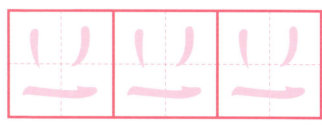

「し」の つく ことば

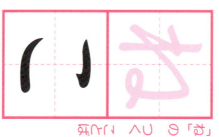

「す」のつくことば

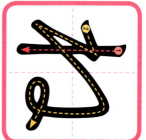

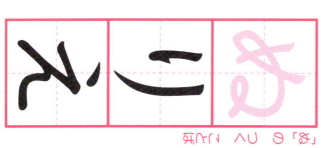

「め」のつくことば

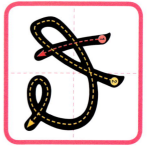

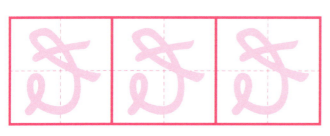

◆なぞってから、つづけてかきましょう。

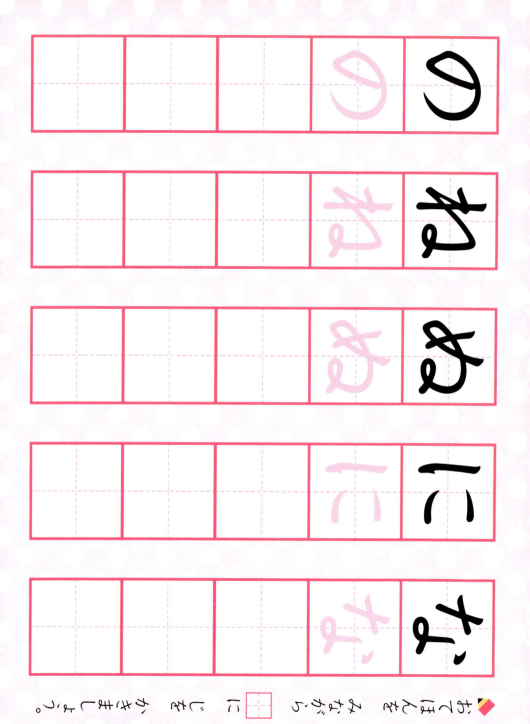

えに あう ことばに なるように シールには えの シールを はりましょう。

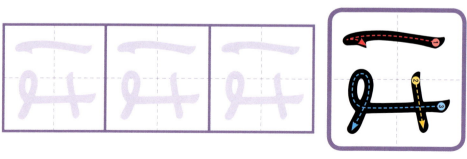

◆えんぴつで ていねいに なぞりましょう。

◆えんぴつで つよく した なぞりましょう。

「ら」の つく ことば

「く」の つく ことば

❀ いちばん あう えの シールを はりましょう。

ほし	ひこうき	ふね
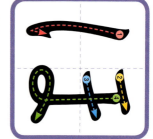	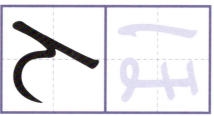	
はくちょう	ほけん	

◆ かきじゅんに きを つけて なぞりましょう。

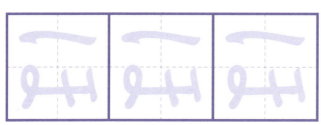

「ほ」の つく ことば

28

◆おてほんを みながら □に じを かきましょう。

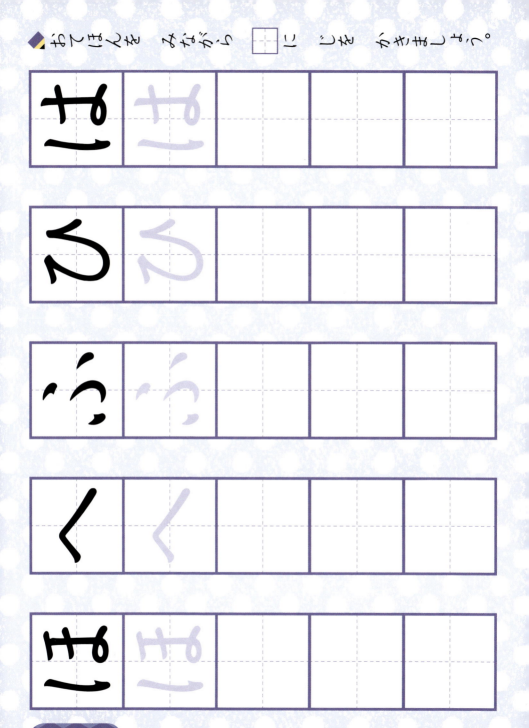

◆ えんぴつで すう じを なぞりましょう。

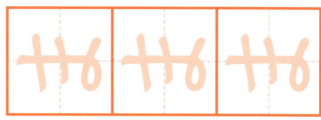

「ま」の つく ことば

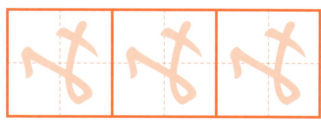

「み」の つく ことば

「め」のつくことば

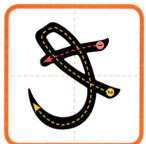
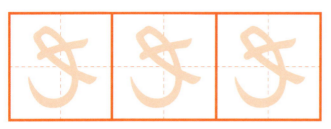

「む」のつくことば

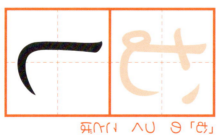

◆なぞったり、かいたりしましょう。

32

◆ えんぴつで なぞりましょう。

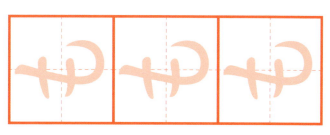

「む」の つく ことば

❀ ことばに あう えの シールを はりましょう。

シール	まんと
シール	めろん
シール	みんと
シール	もち
シール	なし

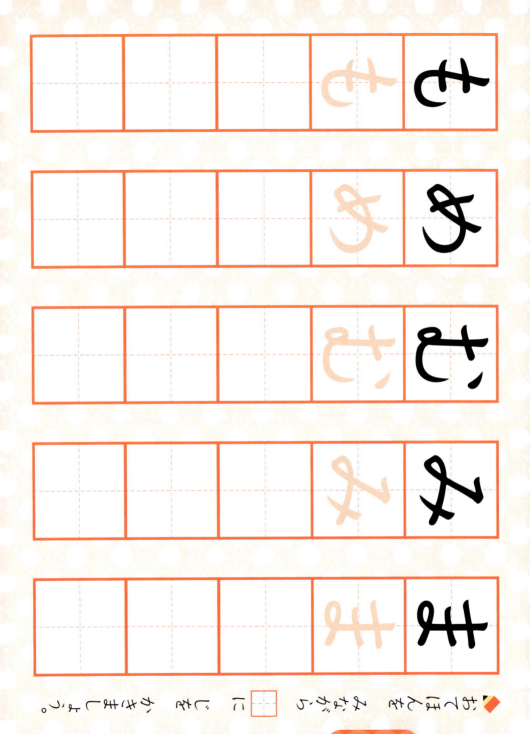

さ、む

◆ えんぴつで じを なぞりましょう。

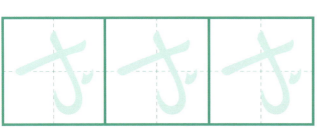

「さ」の つく ことば

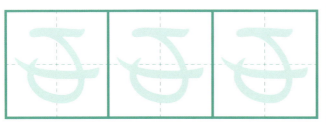

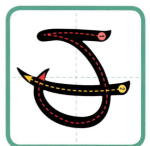

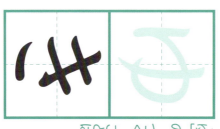

「む」の つく ことば

◆ えんぴつで なぞり じを かきましょう。

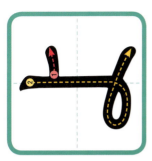

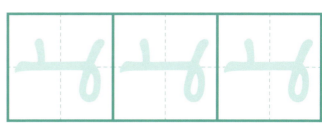

書きじゅん 「す」の

❀ ことばに あう えの シールを はりましょう。

シールを はろう	すいか
シールを はろう	ゆき
シールを はろう	すし

37

おてほんを みながら □に つづきを かきましょう。

◆ えに あう ことばを せんで むすびましょう。

すいか

もも

ゆり

なつやすみ

せみ

◆なぞりがき を して、ます に かきましょう。

「し」の つく ことば

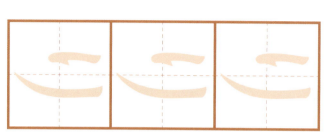
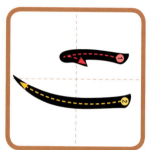

「う」の つく ことば

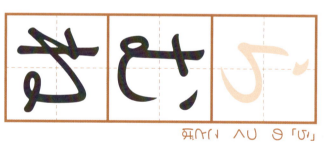

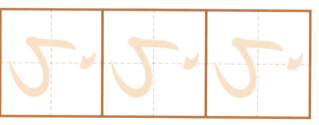
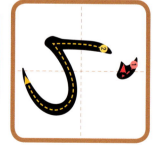

◆えんぴつで つよく うすく なぞりましょう。

「め」の つく ことば

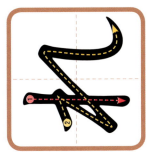
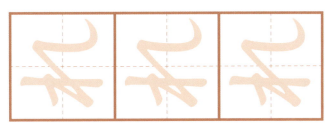

「れ」の つく ことば

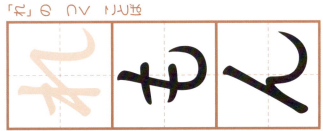

３

◆ えんぴつで なぞり、じを かきましょう。

「ろ」の つく ことば

❀ えに あう ひらがなの シールを はりましょう。

みかん <シール>

りす <シール>   ふうろ <シール>

ぞうきん ねだい <シール>   さくら <シール>

42

◆ おてほんを みながら □に じを かきましょう。

う	う			
り	り			
る	る			
れ	れ			
ろ	ろ			

こしけお

43

◆えんぴつで つよく じを なぞりましょう。

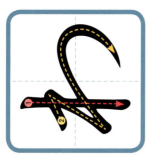
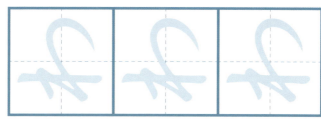

「わ」のつく ことば

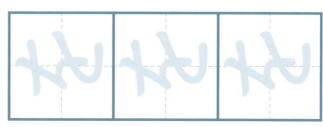

「を」のつく ことば

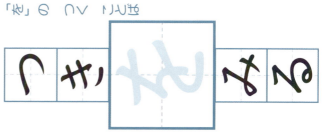

◆ えを みて、□に じを かきましょう。

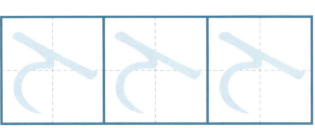

❁ ことばに あう ページに シールを はりましょう。

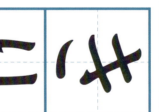 かに

 しかく まる

きりん

◆おてほんを みながら □に じを かきましょう。